AF148561

Das Ultimative

Koala

Buch für Kinder

100+ erstaunliche Fakten, Fotos, Quiz und Wortsuche-Puzzle

Jenny Kellett

Übersetzung Philipp Goldmann

BELLANOVA

MELBOURNE · SOFIA · BERLIN

Copyright © 2022 by Jenny Kellett
Das Ultimative Koalabuch für Kinder
www.bellanovabooks.com

Alle Rechte vorbehalten. Kein Teil dieses
Buches darf in irgendeiner Form, durch
elektronische oder mechanische Mittel,
einschließlich Fotokopie, Aufzeichnung oder
Informationsspeicherung und -abruf
ohne schriftliche Genehmigung des Autors
vervielfältigt werden.

ISBN: 978-619-7695-16-8
BELLANOVA BOOKS

Inhalt

Einleitung

Koalas haben ihren Weg in die Herzen von Millionen Menschen gefunden. Sie sind so kuschelig und zuckersüß, dass es fast schon schwer ist, diese flauschigen Beuteltiere nicht zu lieben!

In diesem Buch erfährst du viel Spaßiges und Wissenswertes über Koalas und danach hast du die Möglichkeit, dein neu erlangtes Wissen in unserem Koala-Quiz zu testen.

Bist du bereit? *Los geht's!*

Ein Koala und sein Joey.

Koala Fakten

Obwohl Koalas wie Bären aussehen, sind sie in Wirklichkeit Beuteltiere. Andere Beuteltiere sind Wombats und Kängurus.

• • •

Was ist ein Beuteltier? Beuteltiere sind Säugetiere, die noch nicht ganz entwickelte Junge zur Welt bringen, die gewöhnlich in einem Beutel getragen werden. Die meisten Beuteltiere leben in Australien und Neuseeland. Auf dem amerikanischen Kontinent gibt es jedoch auch einige wenige Arten.

• • •

Der wissenschaftliche Name für den Koala lautet Phascolarctos cinereus.

Nur in Australien sind Koalas in freier Wildbahn zu finden. Genauer gesagt in den südöstlichen und östlichen Gebieten Australiens - überwiegend entlang der Küstenlinien.

• • •

Baby-Koalas werden 'Joeys' genannt.

• • •

Joeys entwickeln sich etwa sechs Monate lang im Beutel ihrer Mutter. Die nächsten sechs Monate verbringen sie per Anhalter auf dem Rücken ihrer Mutter.

• • •

Joeys verwenden den Beutel ihrer Mutter als Futterplatz und zum Schlafen, bis sie ein Jahr alt sind.

Ein junger grauer Koala.

Ein Koala in Duncan, Australien.

Koalas leben hoch oben in
Eukalyptusbäumen. Oft kann man
sehen, wie sie eingeklemmt zwischen
Gabeln von Baumzweigen essen oder
schlafen.

Koalas ernähren sich ausschließlich von Eukalyptus. Sie können täglich über ein kg Blätter essen.

. . .

Aber nicht jeder Eukalyptus ist gut genug für den Koala! Es gibt über 700 Eukalyptusarten, aber Koalas fressen nur etwa 50 davon.

. . .

Eukalyptus ist für die meisten anderen Tiere giftig, sodass Koalas keine große Konkurrenz um Nahrung haben.

. . .

Koalas erhalten nicht viele Nährstoffe aus dem Eukalyptus, weshalb sie normalerweise etwa 20 Stunden am Tag schlafen!

Ein Koala in seinem Lieblingsort.

Koalas sind Einzelgänger, und die einzige Bindung, die entsteht, ist die zwischen einer Mutter und ihrem Joey und während der Paarung.

. . .

Koalas können ein Gewicht von 4-15 kg haben. Im Allgemeinen sind Koalas in den nördlichen Lebensräumen kleiner und leichter als die im Süden.

. . .

Koalas weisen eine Reihe verschiedener Fellfarben auf, von silbergrau bis zu schokoladenbraun.

. . .

Koalas haben nicht viele Raubtiere als Feinde, sind jedoch dem Risiko einiger schwerer Krankheiten ausgesetzt, wie Chlamydien und dem Koala-Retrovirus.

Chlamydien können ganze Koalapopulationen bedrohen. Es ist wahrscheinlicher, dass sie die Krankheit bekommen, wenn sie gestresst sind. Wenn sie nicht geheilt werden, verursacht die Krankheit Blindheit und Infektionen an ihren Geschlechtsorganen.

● ● ●

Du kannst Höhlenmalereien von Koalas finden, die vor vielen Jahrtausenden von australischen Ureinwohner/innen angefertigt wurden.

● ● ●

Koalas werden von der Internationalen Union zur Bewahrung der Natur als "gefährdet" eingestuft. Zu Beginn des 20. Jahrhunderts wurden sie wegen ihres Fells stark gejagt, doch jetzt sind sie eine geschützte Art.

Die Hauptbedrohung für Koalas ist der Verlust von Lebensraum. Große Buschfeuer und Abholzung zerstören die Eukalyptusbäume, die sie ihr Zuhause nennen. Koalas sind geschützt, aber ihr Lebensraum ist es nicht.

. . .

Der Name "Koala" stammt von dem Aborigine-Wort, das "kein Wasser" bedeutet. Einst glaubte man, dass Koalas kein Wasser trinken müssten, doch dies stellte sich als nicht wahr heraus. Bei heißem Wetter und in Dürreperioden kann man Koalas oft von den Bäumen herunterkommen sehen, um nach Wasser zu suchen.

. . .

Männliche Koalas sind 50% schwerer als weibliche Koalas. Männliche Koalas haben auch stärker gebogene Nasen.

Koalas beziehen jedoch den größten
Teil ihres Wassers aus ihrer Nahrung.
Eukalyptusblätter bestehen zu 55% aus
Wasser.

● ● ●

Koalas haben einen sogenannten
"rudimentären Schwanz", was bedeutet,
dass er nicht sichtbar ist. Jedoch zeigt
ihr Skelett immer noch Anzeichen
dafür.

● ● ●

Männliche Koalas haben spezielle
Duftdrüsen auf ihrer Brust. Sie
benutzen diese, um ihre Anwesenheit
zu markieren, insbesondere bei der
Suche nach einem Partner.

Ein Joey reist per Anhalter

mit seiner Mutter.

Wenn ein männlicher Koala auf der Suche nach einer Partnerin ist, gibt er ein sehr lautes Brüllen von sich, das andere Männchen einschüchtern und Weibchen beeindrucken soll.

· · ·

Koalas mögen süß sein, aber sie sind nicht besonders schlau! Im Verhältnis zu ihrem Körpergewicht haben sie eines der kleinsten Gehirne aller Säugetiere. Wissenschaftler/innen glauben, dass sie, weil sie nicht viele Nährstoffe verbrauchen, kein größeres Gehirn entwickeln können.

· · ·

Koalas haben kein gutes Sehvermögen. Sie haben kleine Augen mit senkrechten Pupillen, was bei Beuteltieren ungewöhnlich ist.

Ihr Gehirn nimmt nur 61% des Raumes in ihrem Schädel ein.

• • •

Koalas sammeln manchmal Blätter in ihren Wangen, bevor sie bereit sind, sie zu kauen und zu schlucken.

• • •

Manchmal erbrechen Koalas ihr Futter, um es dann wieder zu fressen.

• • •

Koalas essen so viele Blätter, dass sie nach Eukalyptus riechen!
Dies wirkt auch als natürliches Insektenschutzmittel.

Ein junger Koala im Lone Pine Koala
Schutzgebiet in Brisbane, Australia.

Obwohl Koalas schwimmen können,
ertrinken sie oft in Swimmingpools.
Das kann passieren, während sie
nach Wasser zum Trinken suchen,
weil sie nicht in der Lage sind, sich
selbst herauszuheben. Menschen,
die in Australien leben und einen
Swimmingpool besitzen, wird
empfohlen, Koalas eine Möglichkeit zu
geben, sich in Sicherheit zu bringen.

• • •

Es gibt immer nur einen Koala, der auf
einem Baum lebt.

• • •

Koalas sind meist nachtaktiv. Das heißt,
sie schlafen tagsüber und sind nachts
wach. Allerdings kommen Koalas
manchmal auch tagsüber heraus.

Der engste Verwandte des Koalas ist der Wombat!

. . .

Die Paarungszeit für Koalas liegt in den südlichen Populationen zwischen November und Februar und im Norden von September bis Januar.

. . .

Die Trächtigkeitsdauer (also wie lange die Mutter schwanger ist) beträgt nur 35 Tage.

. . .

Koalas haben in der Regel einen Joey pro Jahr, ältere Koalas haben jedoch nur alle zwei Jahre einen.

Ein schlafender Koala in den Kuranda Koala Gärten.

Ein sehr entspannter Koala im Reptilien Park, Australien.

Wenn Koalas geboren werden,
haben sie ungefähr die Größe einer
Cashewnuss!

· · ·

Die Lebensdauer eines Koalas beträgt
etwa zwölf Jahre in freier Wildbahn
und über 16 Jahre in Gefangenschaft.

· · ·

Koalas haben ein extra dickes,
weiches Fell, das sie in den kühleren
Wintermonaten vor schlechtem Wetter
schützt.

· · ·

Koalas haben raue Ballen an Händen
und Füßen, die ihnen beim Klettern das
Greifen erleichtern.

Koalas haben große Nasen mit empfindlichen Haaren, die nützlich sind, um ihre Nahrungsquellen zu erschnüffeln und zu überprüfen, ob der Eukalyptus gut genug zum Essen ist.

● ● ●

Da sie keine Schweißdrüsen haben, leckt sich ein Koala oft selbst ab. Das hilft ihm dabei sich abzukühlen, wenn ihm zu heiß ist.

● ● ●

In den Jahren 2019 und 2020 gab es in Australien einige der schlimmsten Buschfeuer aller Zeiten, und tausende Koalas starben. Auf Kangaroo Island in Südaustralien schätzte ein Tierarzt, dass bei den dortigen Buschbränden 30.000 der dort lebenden 50.000 Koalas ums Leben kamen.

Es gibt viele berühmte erfundene Koalas! Haben Sie schon von Blinky Bill, Nigel aus dem Disney-Film "Tierisch Wild" oder Bunyip Bluegum gehört?

. . .

Eine der beliebtesten Schokoladen in Australien heißt "Caramello Koalas". Das sind kleine Koala-förmige Pralinen, die mit Karamell gefüllt sind. In Europa ist "Koala" von Kuchenmeister sehr beliebt.

. . .

Viele Australier/innen täuschen Tourist/innen, indem sie ihnen Geschichten über den "Tropfen-Bär" erzählen. Dieses fiktive Tier ist dem Koala nachempfunden. Man sagt, dass sie aus den Bäumen fallen und Menschen angreifen, wenn sie vorbeilaufen! Jetzt weißt du, dass man dich nicht austricksen kann. :)

Koalas sind sehr knuddelig, und in vielen australischen Zoos und Rettungsstationen hast du die Möglichkeit, einen Koala zu halten. Aber pass auf, ihre Krallen sind so scharf, dass sie dich manchmal aus Versehen kratzen könnten!

• • •

Koalas kommen in vielen Mythen der australischen Aborigines vor, die als Traumzeitgeschichten bezeichnet werden. Ein Mythos aus dem Volk der Tharawal erzählt, wie Koalas beim Rudern des Bootes halfen, welches sie nach Australien brachte.

Ein wilder Koala an der Great Ocean
Road, Victoria, Australien.

Frühe europäische Siedler beschrieben den Koala mit einem "grimmigen und bedrohlichen Blick"! Die Menschen sehen den Koala aber sicherlich nicht mehr auf diese Weise.

• • •

1983 spielten Paul McCartney und Michael Jackson ein Duett mit dem Titel "Ode an einen Koalabären"(englisches Original: "Ode to a Koala bear")

• • •

Im Bundesstaat Victoria kann man den Riesen-Koala sen - eine riesige Statue, die viele Tourist/innen anlockt.

Zu Beginn des 20. Jahrhunderts wurden in Queensland Millionen von Koalas erlegt. Dies löste unter den australischen Bewohner/innen große Wut aus und war die erste große ökologische Kontroverse, mit der das Land umgehen musste.

. . .

In den 1920er und 1930er Jahren wurden die ersten Koala-Schutzgebiete gebaut: das Koala-Schutzgebiet Lone Pine Koala Sanctuary und das Koala-Park-Schutzgebiet von Sydney.

. . .

Eukalyptusbäume sind auch als Gummibaum bekannt.

Obwohl Koalas lieber in ruhigen Gebieten leben, können sie in städtischen Gebieten sehr gut überleben, solange sie genügend Bäume haben.

. . .

Koalas sind Pflanzenfresser (Herbivoren), das heißt, sie fressen nur Pflanzen.

. . .

Koalas haben ein sehr langes Verdauungsorgan namens Caecum (Blinddarm), welches ihnen dabei hilft, die zähen Eukalyptusblätter zu verdauen. Während Menschen und viele andere Tiere einen kurzen Blinddarm haben, ist der des Koalas etwa zwei Meter lang!

Die australische Koala-Stiftung schätzt, dass nur noch etwa 80.000 Koalas in freier Wildbahn leben.

• • •

Es ist illegal, einen Koala als Haustier zu halten.

• • •

Koalas haben fünf Finger an jeder Pfote, von denen zwei wie menschliche Daumen gegenübergestellt sind.

• • •

An den Hinterpfoten sind die beiden gegenüberstehenden Finger zu einer Putzkralle verschmolzen.

Das Gebiet, in dem Koalas leben, wird als Heimstätte bezeichnet. In diesem Lebensraum gibt es mehrere Heimatbäume - die Bäume, von denen sie sich regelmäßig ernähren. Diese Lebensräume können sich manchmal mit denen anderer Koalas überschneiden.

● ● ●

Koalas kommunizieren miteinander mit sehr seltsamen Geräuschen. Eines der häufigsten Geräusche ist ein lautes Schnarchen und dann ein Rülpsen!

● ● ●

Wenn ein Joey das Alter zwischen ein und drei Jahren erreicht, verlässt er die mütterliche Heimstätte, um seine eigene zu finden.

Da Eukalyptusblätter giftig sind, müssen sich junge Koalas zunächst von einer Substanz namens "Pap" ernähren, die aus dem Kot der Mutter stammt. Er enthält Mikroorganismen, die den Darm des Joey darauf vorbereiten, seine neue Nahrung aufnehmen zu können. Sie ernähren sich etwa sechs bis sieben Wochen lang von Pap, bevor sie aus dem Beutel kommen.

• • •

Weibliche Koalas sind ausgewachsen, wenn sie zwei Jahre alt sind. Männliche Koalas sind etwas später erwachsen - mit etwa 3 oder 4 Jahren.

• • •

Koalas können nur etwa 25% der Ballaststoffe aufnehmen, die sie fressen. Das ist einer der Gründe dafür, dass sie so viele Blätter essen müssen!

Da in verschiedenen Bundesstaaten verschiedene Eukalyptusarten wachsen, unterscheidet sich die Ernährung eines Koalas in Queensland stark von der in Victoria.

• • •

Oft kann man Koalas sehen, die Bäume umarmen. Wissenschaftler haben entdeckt, dass dies ihnen helfen soll, kühl zu bleiben! Wenn es heiß wird, bewegen sich die Koalas in die unteren Teile des Baumes und drücken sich dicht an den Baum heran, um die kühlsten Stellen zu finden.

• • •

Neben den Primaten sind Koalas die einzigen Tiere, die Fingerabdrücke haben.

Fingerabdrücke von Koalas sind fast identisch mit denen eines Menschen! Der einzige Unterschied besteht darin, dass Koalas Warzen an Händen und Füßen haben.

• • •

Koalas haben auch einzigartige Muster auf der Nase, die Biolog/innen helfen, sie zu identifizieren.

• • •

Weiße und Albino-Koalas sind sehr selten. Ein Albino-Koala wurde 1985 im Zoo von San Diego geboren. Er war weiß, mit einer rosa Nase und rosa Augen.

Koalas mögen langsam erscheinen, jedoch können sie, wenn nötig, bis zu 32 km/h schnell laufen! Wenn sie Angst haben, können sie auch zwei Meter hoch auf einen Baum springen.

• • •

Seit dem Jahr 2016 ging die Zahl der wilden Koalas in Queensland um 53% zurück, in der kleinen verbleibenden Population von New South Wales um 26% und in Victoria um 14%. Aus diesem Grund stehen sie auf der Liste der gefährdeten Arten.

• • •

Jedes Jahr am 3. Mai ist in Australien der nationale Tag des wilden Koalas. Der Tag wird genutzt, um auf Koalas und ihren schrumpfenden Lebensraum aufmerksam zu machen.

Obwohl in vielen großen Gebieten ein Rückgang der Koalas zu verzeichnen ist, gibt es einige Orte, die mit Koalas überbevölkert sind! Dazu gehören French Island, Kangaroo Island und Raymond Island. Viele Koalas in diesen Gebieten werden in weniger dicht besiedelte Gebiete umgesiedelt.

· · ·

Koalas haben einen Abschnitt mit starkem Knorpel am Ende ihrer Wirbelsäule, der ihnen hilft, lange Zeit bequem in Bäumen zu sitzen. Wir würden sagen: "Koalas haben besonderes Sitzfleisch".

· · ·

Koalas haben einen weiß gesprenkelten Pelzfleck am Hintern, wodurch sie vom Boden aus schwerer zu erkennen sind.

Koalas sind - in Anbetracht des Landes, in dem sie leben, ironischerweise - dank ihres dicken Fells besser darauf vorbereitet, bei kaltem Wetter zu überleben als bei warmem Wetter.

. . .

Koalas haben Beutel, die sich nach unten öffnen. Das ist bei Beuteltieren ungewöhnlich, und es bedeutet auch, dass Koalas starke Muskeln brauchen, um ihre Jungen daran zu hindern, aus dem Beutel zu fallen! Dies ist ein Unterschied zum Känguru, das einen nach oben offenen Beutel hat.

. . .

Während wir sie als Koala kennen, haben die australischen Ureinwohner viele andere Namen, darunter Kaola, Koalo, Koolewang, Koobor, Colah, Coola und Cullawine.

Ein Koala im Currumbin Wildlife Schutzgebiet.

Koalas sind Warmblüter. Das
bedeutet, dass sie eine konstante
Körpertemperatur haben, die etwas
über der Temperatur Ihrer natürlichen
Umgebung liegt. Ihre Körpertemperatur
beträgt 36,6°C .

• • •

Obwohl Koalas kuschelig aussehen
mögen, fühlen sie sich sehr gestresst,
wenn Menschen in der Nähe sind. Sie
beißen und kratzen sogar, wenn sie sich
bedroht fühlen. In freier Wildbahn ist
es am besten, einen Abstand von zehn
Metern zu einem Koala einzuhalten, um
ihn nicht zu erschrecken.

Koala-Babys können neben Joeys auch andere Namen haben, darunter "Beuteljunge", "Rückenjunge" und "Jungtiere"- je nach Alter und Entwicklungsstadium.

. . .

Koalas haben nur wenige natürliche Feinde, sind aber dafür bekannt, dass sie von Dingos und großen Eulen gefangen werden. Die Jungtiere sind auch von Adlern und anderen Tieren bedroht.

. . .

Das Wort "Marsupialer" stammt vom lateinischen Wort marsupium, was "Beutel" bedeutet.

Koalas haben einen sehr gut entwickelten Geruchssinn, der ihnen hilft, Eukalyptusblätter zu erkennen, die für sie zu giftig zum Essen sind.

. . .

Der Geruchssinn des Koalas wird bereits bei der Geburt entwickelt. Das hilft dem neugeborenen Joey, seinen Weg durch den Beutel und zur Zitze der Mutter zu finden, um Milch zu trinken.

. . .

Sobald ein Joey die Zitze seiner Mutter findet, dehnt sich die Zitze in seinem Mund aus, um das Neugeborene an Ort und Stelle zu halten.

Ein weiblicher Koala wird oft als "Ricke" bezeichnet, während ein männlicher Koala als "Bock" bezeichnet wird.

• • •

Koalas Brustkörbe haben nur 11 Rippenpaare, weniger als alle anderen Beuteltiere.

• • •

Koalas haben eine Ruhepuls von 70 bis 140 Schlägen pro Minute, der jedoch schwer zu messen ist, da sie eine "Sinusarrhythmie" haben. Das bedeutet, dass die Herzfrequenz und Atmung nicht synchron sind.

Man sollte einen Koala niemals, wie eine Katze oder ein Baby, von den Achselhöhlen heben. Sie sind es nicht gewohnt, in diesem Bereich berührt zu werden, sodass sie sich dabei unwohl fühlen.

. . .

Koalas haben ein gebogenes Rückgrat, was ihnen ihre berühmte Birnenform verleiht. Dies erleichtert es ihnen, sich in Bäumen gemütlich zu machen.

. . .

Das Fell der Koalas hat ein wasserabweisendes Schild, welches sie bei Regenwetter schützt.

75 Prozent der Tourist/innen in
Australien sagten, dass der Anblick
eines Koalas ganz oben auf der Liste
ihrer tierischen Attraktionen stehe!

Koala Quiz

Teste nun dein Wissen in unserem Koala Quiz! Die Antworten findest du auf Seite 67.

1. Woher kommt der Name "Koala"?

2. Koalas fressen nur Eukalyptusblätter. Richtig oder falsch?

3. Wo kann man Koalas in freier Wildbahn finden?

4. Was ist der engste Verwandte des Koalas?

5. Wie nennt man ein Koalababy?

6. Wann verlässt ein Koalababy zum ersten Mal den Beutel seiner Mutter?

7. Welches ist heutzutage die größte Bedrohung für Koalas?

8. Welcher Sinn ist bei Koalas am besten entwickelt: der Seh- oder der Geruchssinn?

9. Wie viele Stunden am Tag schlafen Koalas?

10. Wie lange ist ein Koala schwanger?

11. Zu welcher Tierart gehören Koalas?

12. Woher bekommen Koalas das meiste Wasser, welches sie brauchen?

13. Welche Populationen von Koalas sind größer und schwerer? Im nördlichen oder südlichen Australien?

14. Wie groß ist ein Joey, wenn er geboren wird?

15. Koalas haben Fingerabdrücke. Richtig oder falsch?

16. Was haben Koalas, das ihnen hilft, lange Zeit bequem in Bäumen zu sitzen?

17. Wie viele Koalas leben in einem einzigen Baum?

18. Wie lange leben Koalas?

19. Wie heisst die Substanz, die Joeys von ihren Müttern essen, um sich vor giftigen Eukalyptusblättern zu schützen?

20. In welchem Alter verlassen Koalas den Lebensraum ihrer Mutter, um ihren eigenen zu finden?

Antworten:

1. Vom Aborigine-Wort, das "kein Wasser" bedeutet.

2. Richtig.

3. Im Osten und Südosten Australiens, hauptsächlich entlang der Küste.

4. Der Wombat.

5. Ein Joey.

6. Etwa sechs Monate alt.

7. Der Verlust von Lebensraum.

8. Der Geruchssinn.

9. Bis zu 20 Stunden!

10. 35 Tage.

11. Zu den Beuteltieren.

12. Eukalyptus-Blättern.

13. Im südlichen Australien.

14. Etwa so groß wie eine Cashew Nuss.

15. Richtig.

16. Ein kräftiger Knorpel am unteren Ende ihrer gekrümmten Wirbelsäule. (extra Sitzfleisch)

17. Nur einer.

18. Zwölf Jahre in der Wildnis und über 16 Jahre in Gefangenschaft.

19. Pap.

20. Im Alter von ein und drei Jahren.

Koala

WORTSUCHE PUZZLE

E	F	G	H	J	F	D	S	A	N	U	I
U	G	E	F	Ä	H	R	D	E	T	E	D
K	O	A	L	A	G	F	D	S	D	U	F
A	Y	E	F	D	U	B	E	U	T	E	L
L	N	B	D	A	M	E	G	F	D	A	A
Y	M	A	R	S	M	P	I	A	L	L	U
P	T	E	K	K	I	T	T	W	F	Y	S
T	R	F	J	B	B	A	U	M	G	P	C
U	A	U	S	T	R	A	L	I	E	N	H
S	B	H	D	R	E	G	F	D	H	U	I
G	H	D	J	O	E	Y	R	P	A	P	G
A	D	F	H	J	R	D	A	G	S	F	D

**Kannst du alle Wörter im Wortsuche
Puzzle links finden?**

KOALA   EUKALYPTUS   PAP

JOEY   GUMMIBAUM   BEUTEL

AUSTRALIEN   GEFÄHRDET   FLAUSCHIG

Quellen

"10 Koala-Ty Facts About Koalas". 2018. Wwf.Org. Au. https://www.wwf.org.au/news/blogs/10-interesting-facts-about-koalas#gs.gczysv.

Logan, M. (2001). "Evidence for the occurrence of rumination-like behaviour, or merycism, in the koala (Phascolarctos cinereus, Goldfuss)". Journal of Zoology. 255 (1): 83–87. doi:10.1017/S0952836901001121

"Koala Express: Amazing And Interesting Facts About The Australian Koala.". 2020. Koalaexpress.Com.Au. https://www.koalaexpress.com.au/facts1.ht

South Australia's iconic Kangaroo Island could see rare species wiped out after devastating bushfires ABC News, 8 January 2020. Retrieved 13 September 2020.

"Frequently asked questions (FAQs)". Australian Koala Foundation. Archived from the original on 30 April 2013. Retrieved 21 September 2020.

"Interesting Facts | Australian Koala Foundation". 2020. Savethekoala.Com. https://www.savethekoala.com/about-koalas/interesting-facts.

"10 Things You Didn'T Know About Koalas". 2014. Mentalfloss.Com. https://www.mentalfloss.com/article/59114/10-things-you-didnt-know-about-koalas.

"Albino Koala Born At Zoo". 1985. Los Angeles Times. https://www.latimes.com/archives/la-xpm-1985-10-20-me-14053-story.html.

Duffy, Janine. 2020. "Are Koalas High? 5 Biggest Myths About Koalas | Echidna Walkabout Tours". Echidnawalkabout.Com.Au. https://www.echidnawalkabout.com.au/are-koalas-high-5-biggest-koala-myths/#:~:text=A%20koala%20can%20run%20on,tree%20in%202%20metre%20bounds.

Planted, One. 2020. "11 Reasons To Celebrate Koalas On Wild Koala Day". One Tree Planted. https://onetreeplanted.org/blogs/stories/world-koala-day.

"Physical Characteristics Of The Koala | Australian Koala Foundation". 2020. Savethekoala.Com. https://www.savethekoala.com/about-koalas/physical-characteristics-koala.

Wir hoffen, du hast einige großartige Fakten über Koalas gelernt!

AUCH VON
JENNY KELLETT

... und mehr!

www.ingramcontent.com/pod-product-compliance
Lightning Source LLC
Chambersburg PA
CBHW040123100526
44820CB00041B/2774